MINIMALISMO

Cómo Vivir Una Vida Hogareña Feliz Y Sencilla

(Una Guía Sencilla para Vivir con Menos)

Nelo Baez

Publicado Por Daniel Heath

© **Nelo Baez**

Todos los derechos reservados

Minimalismo: Cómo Vivir Una Vida Hogareña Feliz Y Sencilla
(Una Guía Sencilla para Vivir con Menos)

ISBN 978-1-989808-58-0

Este documento está orientado a proporcionar información exacta y confiable con respecto al tema y asunto que trata. La publicación se vende con la idea de que el editor no esté obligado a prestar contabilidad, permitida oficialmente, u otros servicios cualificados. Si se necesita asesoramiento, legal o profesional, debería solicitar a una persona con experiencia en la profesión.

Desde una Declaración de Principios aceptada y aprobada tanto por un comité de la American Bar Association (el Colegio de Abogados de Estados Unidos) como por un comité de editores y asociaciones.

No se permite la reproducción, duplicado o transmisión de cualquier parte de este documento en cualquier medio electrónico o formato impreso. Se prohíbe de forma estricta la grabación de esta publicación así como tampoco se permite cualquier almacenamiento de este documento sin permiso escrito del editor. Todos los derechos reservados.

Se establece que la información que contiene este documento es veraz y coherente, ya que cualquier responsabilidad, en términos de falta de atención o de otro tipo, por el uso o abuso de cualquier política, proceso o dirección contenida en este documento será responsabilidad exclusiva y absoluta del lector receptor. Bajo ninguna circunstancia se hará responsable o culpable de forma legal al editor por cualquier reparación, daños o pérdida monetaria debido a la información aquí contenida, ya sea de forma directa o indirectamente.

Los respectivos autores son propietarios de todos los derechos de autor que no están en posesión del editor.

La información aquí contenida se ofrece únicamente con fines informativos y, como tal, es universal. La presentación de la información se realiza sin contrato ni ningún tipo de garantía.

Las marcas registradas utilizadas son sin ningún tipo de consentimiento y la publicación de la marca registrada es sin el permiso o respaldo del propietario de esta. Todas las marcas registradas y demás marcas incluidas en este libro son solo para fines de aclaración y son propiedad de los mismos propietarios, no están afiliadas a este documento.

TABLA DE CONTENIDO

Parte 1 1

Introducción 2

Capítulo 1: Entender La Necesidad De Acumular 4

Capítulo 2: Prepararse Para El Cambio 9

PREPARACIÓN MENTAL.. 9
PREPARACIÓN FÍSICA... 12

Capítulo 3: Organizar El Proceso........................... 15

Capítulo 4: Cómo Desechar Tipos Específicos De Basura ... 21

RESIDUOS PELIGROSOS 21
MUEBLES... 22
RECICLABLES.. 23
OBJETOS DE COLECCIÓN 23

Capítulo 5: Mantener Un Hogar Minimalista 25

Conclusión 29

Parte 2 30

Introducción 31

Capitulo Uno: ¿Por Qué Menos Es Más? 35

Capitulo Dos: Evaluando Su Casa 40

Capitulo Tres: Comenzando El Proceso De Eliminar Lo Innecesario 46

DORMITORIOS 46
HABITACIONES DE NIÑOS.. 48
BAÑOS 49
PINTURAS Y MUEBLES EXTRA. 49
COCINA Y ZONAS DE ESTAR. 50
REGLA PARA RECORDAR... 52

Capitulo Cuatro: Papeleo 55

Conclusión 57

Parte 1

Introducción

Quiero agradecerte y felicitarte por descargar el libro.

Este libro contiene pasos y estrategias esenciales sobre cómo librar a tu vida del desorden que te está atascando.

La vida puede ser bastante agitada a veces, y puede agravarse aún más cuando no aprendemos a dejar de lado las cosas que la convierten en un desastre. Por lo tanto, es esencial poner las cosas en perspectiva y enfocarse en las cosas que más importan. Al minimizar tus posesiones y simplificar tu vida, puedes priorizar los aspectos más importantes de la misma. Sin embargo, a veces dar ese paso puede ser bastante difícil, por lo que esperamos que los pasos descritos en este libro te ayuden a hacer el viaje hacia una vida libre de desorden. A lo largo de cinco capítulos, analizaremos por qué las personas sienten la compulsión de recolectar cosas superfluas, cómo despejar mentalmente los bloqueos en la mente que nos impiden dejar ir cosas, comenzar el proceso real de organización física, cómo descartar tipos de artículos especiales como desechos peligrosos y cómo mantener una vida minimalista una vez que finalmente hayas eliminado todo el desorden. Así que sigue leyendo para comprender estos pasos y comienza un cambio positivo en tu vida.

Gracias de nuevo por descargar este libro, ¡Espero que lo disfrutes!

Capítulo 1: Entender la Necesidad de Acumular

La vida está llena de recuerdos sorprendentes que son positivos y negativos. Es natural querer conservar algunos de esos recuerdos con un objeto que lo reviva o algún tipo de remembranza. Los parques temáticos y las atracciones turísticas están llenos de tiendas de regalos que se aprovechan de la tendencia de los individuos a querer tener algo que ayude a activar sus recuerdos. Y hasta cierto punto es natural. Pero al igual que la mayoría de los problemas, obsesionarse demasiado con algo es cuando se convierte en un problema.

Y, en realidad, créanlo o no, el trastorno de acumulación, también conocido como acumulación compulsiva, es una enfermedad real que algunos psiquiatras consideran una condición de comportamiento. Puede abarcar desde guardar zapatos desgastados que ya no sirven para ningún propósito práctico, sino que tienen un valor sentimental, hasta recolectar todo, incluidos los envoltorios de alimentos de cada artículo que compres. Sin embargo, este trastorno solo ha sido reconocido y categorizado como tal en el pasado reciente. Antes de eso, las personas que padecían esta dolencia solían ser consideradas como "cachivacheras". Sin importar dónde caigas en este espectro, puedes tomar la decisión difícil pero importante de literalmente limpiar tu vida y enfocarte en el futuro en lugar de coleccionar el pasado.

Pero primero es una buena idea saber con qué estás tratando. Desafortunadamente, los psicólogos no entienden completamente este desorden aún. En realidad, en un momento dado, incluso se confundió como un síntoma de trastorno obsesivo compulsivo (TOC) hasta que se reconoció que era una condición separada. Sin embargo, aunque la acumulación compulsiva se identifica como una dolencia diferente, suele ocurrir en personas que también sufren otros trastornos como el TOC, otra forma de ansiedad o depresión. La buena noticia es que esta dolencia solo afecta aproximadamente al dos y medio por ciento de los adultos. Normalmente comienza en la infancia y empeora con la edad. La mala noticia es que si tienes una cantidad abrumadora de artículos que has recolectado a lo largo de los años, es muy probable que sufras acaparamiento o acumulación compulsiva.

Algunos psicólogos diferencian entre acumuladores y coleccionistas. Si bien puedes pensar en ti mismo simplemente como un coleccionista, debes saber que también puedes estar sufriendo de acumulamiento compulsivo. Si bien hay una distinción entre los dos tipos de personas, los acumuladores normalmente guardan cualquier cosa, desde envoltorios de caramelos hasta neumáticos para automóviles, y los coleccionistas generalmente solo conservan los elementos que consideran, por sí mismos u otros, que tienen algún valor, ambos, cuando lo practican exageradamente pueden ser caracterizados bajo trastorno de acaparamiento o acumulación.

Lo más probable es que si acumulas elementos (o los coleccionas), es probable que hayas sufrido una experiencia traumática en tu vida, especialmente en tu infancia, que te aliente a aferrarte incluso a las cosas más insignificantes. Otro factor aquí es que puedes estar acumulando estos elementos para compensar otro tipo de vacío en tu vida. Subconscientemente, estás utilizando tus prácticas de acaparamiento para rellenar ese agujero que queda al no estar completamente satisfecho con algún aspecto de tu vida. Quizás no estés satisfecho con tu carrera, quizás estés solo, o quizás hayas perdido a un ser querido y no hayas logrado aún el cierre de esa pérdida. Cualquiera que sea la razón, es importante que emprendas un viaje de autodescubrimiento para determinar qué puede estar causando tu compulsión de aferrarte a objetos insignificantes que de otra manera no tienen valor para la mayoría de las personas. Una condición de acaparamiento puede tener efectos a largo plazo en la salud mental y física, por lo que es importante que abordes este problema de frente, llegues a la raíz del problema y lo resuelvas más pronto que tarde.

Tratar con la raíz del problema puede ser difícil pero, a largo plazo, es el paso correcto y permitirá mejorar tu salud mental en general. Si tienes dificultades para identificar por qué puedes estar sufriendo esta dolencia, observa tus propios hábitos de acaparamiento y ve si observas un patrón en lo que estás recolectando. Puede haber pistas dentro de tu colección que te hablen de alguna manera y te ayuden a identificar la causa de tu trastorno.

Debes aceptar que ignorar el problema no logrará nada. Solo te habilitarás a ti mismo para ir mejorando tu condición hasta que se vuelva incontenible. Por lo tanto, comienza este proceso de análisis cuanto antes, sin esperar que sea demasiado tarde.

Capítulo 2: Prepararse para el Cambio

Dependiendo de dónde caigas en el espectro de acumulación o recolección de artículos, este cambio puede resultarte un proceso bastante doloroso. Por lo tanto, antes de comenzar, es importante prepararse mentalmente, e incluso físicamente, para el gran cambio que está por venir. Con esto en mente, veamos cómo prepararnos mentalmente con respecto a deshacerte de tus hábitos de acaparamiento y también reunir físicamente las herramientas que necesitarás para lograrlo.

Preparación Mental

Al comprar este libro y leer los consejos que se incluyen en este documento, ya has dado un gran paso hacia un futuro brillante y sin desorden. Y sin embargo, esto no significa necesariamente que estés completamente listo para sacrificar lo que se requiera para deshacerte de esta desagradable compulsión. Por lo tanto, tómate un tiempo para prepararte mentalmente. A estas alturas, ya deberías haber identificado lo que crees que puede estar causando este trastorno.

Como vimos en el capítulo uno, es posible que sufras de soledad o de un sentimiento de insuficiencia. Si no has podido determinar la raíz del problema, considera confiar en un amigo o familiar cercano y pídele que te ayude a identificar el problema.

Una vez hecho esto, enumera mentalmente los elementos que hasacumulado y realmente pregúntate qué propósito tienen o para qué sirven en tu vida. Lo más probable es que no haya ningún propósito práctico, en absoluto, e incluso sentimentalmente hablando, no tendrás mucho apego a la mayoría de los artículos que has mantenido a lo largo de los años. Es muy probable que cuando empieces a clasificar los elementos físicos, veas cosas de las que te hayas olvidado completamente y que solo tuvieron algún valor sentimental en el momento real en el que decidiste guardarlos. Una vez que te des cuenta de que los artículos que has conservado no tienen un valor real, deberías encontrar más fácil el hecho deshacerte de ellos.

Cuando tu mente comienza a encontrar excusas para explicar por qué algo tiene valor, esfuérzate para criticar verdaderamente la veracidad de esas afirmaciones. ¿Es esa ropa interior desgarrada que usabas hace años cuando perdiste tu virginidad realmente tan importante? O es algo que no solo está ocupando espacio en el armario, sino que también está causando un peligro para la salud. Lo mismo ocurre con la colección de periódicos que yace en tu sofá. En lugar de centrarte en el pasado, una persona real y en vivo podría estar sentada allí de vez en cuando, mientras disfrutas de la compañía de ella. Discutiremos artículos específicos más detalladamente en el siguiente capítulo, pero por ahora debes aceptar el hecho de que estarás descartando la mayoría de tus posesiones y la forma de hacerlo es aceptar que no tienen ningún propósito real por lo que te aferras a ellos sin ninguna razón.

Este paso puede ser el más inductor de ansiedad y, por lo tanto, puede ser una buena idea tomar infusiones de hierbas o encontrar otras maneras de ayudarte a relajar tu mente y enfocar tu atención en la tarea en cuestión sin estresarte mucho.

Preparación Física

Cuando te hayas preparado mentalmente para abandonar tus cosas, te ayudará a obtener físicamente las herramientas que necesitarás para llevar a cabo la limpieza de tu hogar.

A menos que sea absolutamente necesario, restringe tus compras a los siguientes artículos:

- Bolsas de Residuos.
- Bolsas de Reciclaje (para diferenciarlas de las de residuos).
- Guantes de látex o de goma (elige uno de ellos).
- Precintos.
- Elementos de limpieza (solo si no tienes algunos).

Estos elementos esenciales te ayudarán a realizar el trabajo de limpieza y te facilitarán el desecho de grandes montones de artículos.

Es esencial que no compres más de lo que está en la lista anterior a menos que lo consideres absolutamente necesario. Recuerda, tú estás tratando de deshacerte de las cosas, no de traer más artículos. Si todavía no confías en ti mismo para no comprar productos superfluos, pídele a alguien que lo haga por ti. Esta es solo una solución temporal, sin embargo, como eventualmente necesitarás hacer cosas por ti mismo y aprender a no ceder a tus tentaciones de querer comprar cosas que realmente no necesitas.

Prepararte, especialmente mentalmente e incluso físicamente (resistir la tentación de no comprar demasiado) será uno de los pasos más difíciles que tomes en este viaje hacia la superación personal. Pero una vez completado, tu trabajo será más entretenido en mano de obra en lugar de estresante. Si has completado este paso, ¡Felicidades! A continuación, veremos los elementos reales de tu hogar y descubriremos cómo clasificarlos y comenzar el proceso de descarte real. No retrocedas ahora, lo has hecho muy bien hasta ahora. ¡Sigue adelante!

Capítulo 3: Organizar el Proceso

El primer paso para iniciar el proceso de clasificación es comenzar a clasificar tus artículos para ayudarte a organizar tus pertenencias y tu vida. Aquí es donde comenzarás el proceso físico real de desarmar tu hogar.

Dependiendo de cuánto hayas acumulado a lo largo de los años y los diferentes tipos de cosas que hasconservado, es posible que necesites más categorías que las que te imaginas. Aunque te hayas preparado mentalmente para llevar a cabo este proceso, indudablemente tendrásalgunas dudas sobre qué conservar y qué descartar. La categorización de tus artículos te ayudará a asignarles valor y también te permitirá ver la cantidad de duplicados que tienes de las mismas cosas o artículos muy similares.

Comienza por limpiar un espacio físico en tu hogar donde puedas apilar losartículos por categoría. No inventes o generes una categoría para envoltorios o empaques de ningún tipo. O, para ser más precisos, simplemente asígnale a esas cosas una etiqueta de reciclaje, si es reciclable y una etiqueta de basura si no lo es. Los tipos de otras categorías que debes crear incluirán, entre otros, papel, plástico, productos electrónicos que no funcionan, juguetes, desechos peligrosos, donaciones (ropa, productos electrónicos que funcionan, libros, zapatos que se puedan utilizar, etc.) y elementos para vender.

Este proceso puede llevar mucho tiempo y, si bien la ayuda de amigos o familiares puede ser embarazosa, también te ayudará a acelerar el proceso y también servirá para evitar que te sientas tentado a engancharte a cosas que realmente no deberían quedarse en tu casa. Si tienes a alguien o a un grupo de personas que te están ayudando, y estás teniendo dificultades para comenzar el proceso de desechar objetos, puedes realizar un ejercicio mediante el cual cada persona selecciona cinco elementos para descartar. No puedes discutir con ellos y no puedes vetar su decisión. Si sienten que es basura o que deben eliminarse, debes aceptarlo y cumplirlo. Este es obviamente el enfoque del amor con mano dura, pero puede ayudar a que empieces el proceso de curación.

Una vez que hayas ordenado todos los elementos en categorías, tu próximo paso será hacer espacio para que puedas seguir organizando. Esto significa eliminar primero los elementos obvios de tu hogar. Todos los envoltorios y embalajes, como se mencionó anteriormente, son sin duda basura (o reciclables), por lo que deben tratarse como tales. Además, todos los periódicos, revistas, folletos, etc. que ya has leído o tienen una fecha anterior al de esta semana son materiales de reciclaje. Consigue un vehículo (si aún no posees uno), deséchalo todo y llévalo a las plantas de reciclaje y eliminación de residuos locales. No los dejes afuera frente a tu casa para que lo recojan, ya que puedes tener la tentación de volver a salir y traer la basura de nuevo.

Puedes estar tentado a hacer trampa al catalogar digitalmente sus artículos. No me aferro a los artículos, solo me aferro a los recuerdos de ellos guardando imágenes. Ese es el tipo de excusas que podrías decirte, y lo debes mantener firme. Mantenerte fuerte. No atesorar significa no atesorar, y eso también incluye versiones digitales de las cosas. No se trata solo del espacio físico que el producto está ocupando en tu hogar, sino de deshacerse de la compulsión de aferrarse innecesariamente a las cosas.

Mucho de lo que tienes podría ser donado. Como se mencionó anteriormente, las cosas como la electrónica, la ropa, los zapatos, las joyas y otras cosas que están ubicadas en tu casa pueden servir para un propósito real para otra persona. Dona estos artículos a tu tienda local de segunda mano para que puedan ser utilizados. Para los otros artículos que son basura y que aún no has desechado, una vez más, carga tu vehículo con ellos y dirígete a las instalaciones locales de manejo de desechos y reciclaje para deshacerte de cualquier tentación innecesaria.

Una vez que te hayas deshecho de la mayor parte de los artículos innecesarios, echa un vistazo alrededor para ver si hay algo más. Si tienes amigos y miembros de la familia que están dispuestos a ayudar, pídeles que también hagan una revisión en tu hogar para ver si sienten que todavía tienes posesiones que se pueden descartar. Resiste el permitir que tus amigos y familiares guarden cualquier cosa de la que te deshagas. La razón de esto es que deseas deshacerte de estos elementos de tu vida por completo. Y dárselos a las personas que te rodean puede hacer que te encuentres con ellos y desencadenar tu impulso de atesorarlos nuevamente. Por ejemplo, no quieres ir a la casa de un amigo un día y ver una de las veinte lámparas diferentes que solías tener, en la mesa de noche de tu amigo.

Ya has superado el obstáculo. Si bien tu viaje aún no ha terminado, después de seguir los pasos descritos en este capítulo, has realizado las tareas más difíciles asociadas con librarse de estas desagradables condiciones que prevalecen sobre tu vida. Si has recolectado materiales especialmente extraños o peligrosos a lo largo de los años, el siguiente capítulo analizará cómo desecharlos específicamente.

Capítulo 4: Cómo Desechar Tipos Específicos de Basura

No todos recogen periódicos. Algunas personas tienen la costumbre de recolectar artículos que son particularmente peligrosos o difíciles de eliminar. Tal vez eres una de esas personas. Si ese es el caso, este capítulo es particularmente para ti. Aquí veremos algunos elementos diferentes, posiblemente únicos, que pueden plantear un desafío específico cuando intentas descartarlos.

Residuos Peligrosos

Esta puede ser una de las cosas más difíciles de tratar. Diferentes ciudades, e incluso diferentes jurisdicciones dentro de una misma ciudad tienen diferentes leyes y directrices sobre cómo procesar este tipo de residuos. Ponte en contacto con el ayuntamiento o la oficina de información local para obtener los detalles de su área específica. Sin embargo, en general, debes asegurarte de no hacer nada para dañar el medio ambiente o dañar la infraestructura de tu ciudad. Por ejemplo, no viertas aceite o productos químicos dañinos en el desagüe.

Algunos ejemplos de desechos peligrosos incluyen bombillas, baterías, partes de automóviles, pintura y accesorios de pintura usados, fertilizantes, productos químicos e insecticidas. Si has recolectado alguno de estos tipos de artículos a lo largo de los años, asegúrate de desecharlos de manera segura y responsable. Diferentes químicos y diferentes productos tienen procedimientos separados para manejarlos, así que asegúrate de obtener la información correcta antes de tratar con este tipo de elementos.

Muebles

Otro ejemplo de residuos únicos son los artículos del mobiliario. Dado que a menudo se trata de piezas grandes, como colchones, sofás, mesas y sillas, es posible que la persona que recoge la basura local no las lleve. Recuerda que debes dejar cualquier cosa en frente de tu casa para evitar la tentación. Si tus muebles pueden ser reutilizados, una vez más, visitalguna organización local donar los artículos y darles un nuevo hogar.

Reciclables

Como ya hemos visto en el capítulo anterior, los artículos que se pueden reciclar no se deben tirar a la basura. Sin embargo, si tienes una colección particularmente grande o demasiados materiales reciclables, es posible que puedas obtener una pequeña ganancia de su limpieza. Algunas organizaciones pagan algunos valiosos centavos por tus materiales reciclables. Es posible que quieras consultar la guía telefónica para ver si alguno de esos lugares está cerca de tu vivienda y si vale la pena el viaje para ir a dejarlos. Por otro lado, algunas compañías incluso pueden recoger estos artículos de tu hogar.

Objetos de Colección

Si tienes una colección de la que te estás

desprendiendo porque te das cuenta de que se ha convertido en una compulsión, puedes vender los artículos e incluso obtener una ganancia. Los sitios como Ebay fueron diseñados para estas mismas cosas y hay ciertos artículos de coleccionistas que pueden brindarte una buena motivación financiera para separarte de ellos. Ya sea tarjetas de béisbol, canicas especiales o libros de historietas de edición para coleccionistas, el mercado en línea es el lugar para buscar un comprador.

Independientemente de lo que hayas conservado a lo largo de los años, solo debes cerciorarte de estar seguro y ser responsable a la hora de deshacerte de los elementos. Respeta los estatutos locales y no hagas nada que te ponga a ti, a la infraestructura de tu ciudad o al medio ambiente en peligro. Y si puedes obtener un beneficio de este proyecto, tienes todo el poder para hacerlo. ¡Ve por ello!

Capítulo 5: Mantener un Hogar Minimalista

Has superado la angustia mental y has hecho todo el trabajo duro para librarte del desorden que ha ocupado espacio en tu hogar y finalmente tienes un entorno minimalista para disfrutar. Lo último que quieres hacer ahora es retroceder y volver a la misma situación en la que trabajaste tan duro para salir. Por ese motivo, debes asegurarte de seguir los pasos de este capítulo para no retroceder.

La mejor manera de tratar la acumulación compulsiva es como tratar una adicción. Si bien te has deshecho de todas las posesiones que te han dominado, al igual que el alcoholismo o el abuso de sustancias, sabes que nunca podrás deshacerte realmente de la necesidad de recolectar más. Incluso si has llegado a la raíz del problema, como se sugirió anteriormente en el libro, es posible que aún tengas la tentación de acumularcosas de vez en cuando. Pregúntale a cualquier adicto en recuperación y te dirán que es imposible eliminar todos los aspectos de una sustancia adictiva en tu vida. Un alcohólico, por ejemplo, sabe que no puede volver a ver una botella de alcohol. Las personas que los rodean están obligadas a beber, los restaurantes están obligados a servir alcohol a sus clientes, y los amigos y familiares olvidados, desconsiderados o ignorantes pueden incluso darles alcohol. Y así se dan cuenta, como deben hacerlo, de que deshacerse de toda tentación y recordatorios no es la respuesta. En cambio, lo mejor es recordar los efectos negativos de esa adicción y controlarla en lugar de dejar que te controle.

Dicho esto, hay ciertas cosas que puedes hacer, especialmente durante las etapas iniciales de tu proceso de transición, para reducir la tentación que sientes de volver a acumular. En primer lugar, evita a toda costa los mercados de pulgas, las tiendas de segunda mano y las ventas de garaje. Estos lugares son el edén de drogas de los acaparadores y te encontrarás con bolsas de compras llenas de basura que no necesitas. Si necesitasrealmente algo de uno de estos lugares, pídele a alguien que lo obtenga por ti. Como mínimo, haz que un amigo o familiar de confianza te acompañe para ayudarte a resistir la tentación. Si bien su apoyo será útil, recuerda que es únicamente tu responsabilidad no ceder frente a las tentaciones negativas.

Comunícate con tu iglesia o centro comunitario local y ve si tienen un grupo de apoyo para acaparadores. Si no, pueden tener un grupo de apoyo más genérico. Convierte en una rutina ir a las reuniones y debes obligarte a hablar. Estos tipos de eventos existen por una razón y es porque funcionan. Una comunidad de personas que están pasando por lo mismo que tú, o que al menos sufren por algo de la manera en que lo haces tú, puede ser útil, ya que te dice que no estás solo. Escucha a otras personas y considera lo que han hecho para combatir la tentación. Escucha los errores que han cometido y aprende de ellos. Construye relaciones y estarás menos inclinado a construir montones de basura.

Recuerda que una vez que te caigas del vagón, será mucho más difícil volver a subir en comparación con estar viajando en una ruta llena de baches. Usa esto como un elemento disuasorio para evitar que vuelvas un paso atrás hacia este desorden destructivo e insalubre.

Conclusión

No es fácil enfrentar tus miedos y luchar contra ellos, pero al comprar este libro y seguir los consejos de sus capítulos, lo estás haciendo. Tu viaje probablemente ha sido arduo, pero recuerda que no ha terminado. Mantente alerta en tu búsqueda de vivir una vida minimalista libre de desorden. No cedas a la tentación de recolectar artículos superfluos. Y si alguna vez te sientes tentado, piensa en todo el trabajo que has puesto para dejar atrás esa parte de tu vida y considera lo difícil que sería tener que empezar de nuevo.

Espero que este libro haya podido ayudarte a eliminar la basura innecesaria de tu vida y de tu mente y mantenerte comprometido con tu objetivo de llevar una vida más sencilla.

¡Gracias de nuevopordescargarestelibro!

Parte 2

Introducción

¿Alguna vez te has preguntado, mientras ves anuncios de televisión, cuánto te influencian? Probablemente no pienses que lo eres. Sin embargo, apague la televisión por un momento y mire alrededor de su casa. ¿Te enamoraste del sueño de Dyson? ¿Qué tal el iPad o el iPhone? ¿Qué te hizo comprarlos? De alguna manera, habrán sido persuadidos de que estas eran las mejores cosas y los anuncios en estos casos particulares en realidad podrían haber sido correctos. Pero ¿qué pasa con todas las otras cosas que posees?

Las presiones que las personas tienen en sus vidas en estos días son enormes. El mercado laboral significa que las personas son reemplazables y eso las hace trabajar más duro porque necesitan mantenerse por delante de la competencia. Nuestros coches van más rápido. Internet reúne a los mundos en una enorme explosión de energía que nunca antes habíamos tenido. Las personas tienen teléfonos móviles y son responsables las 24 horas del día, los 7 días de la semana, pero en algún lugar a lo largo de la línea, algo tiene que dar y lo hace. Es posible que no lo sepa, pero la cantidad de recetas que están recetando los médicos y psiquiatras para enfermedades relacionadas con el estrés es la más alta de la historia y…, sin embargo, el estrés sigue aumentando en lugar de calmarse por lo que la ciencia médica puede ofrecer.

Si admite todo lo que he expuesto en el párrafo anterior, se destaca una palabra que explica todo lo que está sucediendo en el siglo XXI. Estamos sufriendo de sobrecarga. La sobrecarga se refiere al trabajo, la exposición a los anuncios, la exposición a la influencia a través de las noticias y la sobrecarga en tantas direcciones que ya no podemos seguir con esta sobrecarga. No es de extrañar que las personas estén tratando de encontrar soluciones. Una de las soluciones populares para la sobrecarga es lo opuesto a la sobrecarga, lo que significa un mínimo de entrada y mínimas distracciones en la vida. De eso se trata el minimalismo. En las páginas de este libro, encontrará soluciones para los problemas de su vida. Estos no tienen que provenir de la capacidad financiera para satisfacer todas sus necesidades. Esa ya no es la respuesta. Poseer cosas y tener cosas es un problema adicional para que el materialismo haya alcanzado el punto de saturación. De hecho, el minimalismo disecciona toda la situación y reduce a las personas al mínimo que necesitan para establecer la felicidad y la seguridad. Durante mucho tiempo hemos confiado en la tecnología para facilitar nuestras vidas. Ahora, tenemos que empezar a depender de nosotros mismos para hacer la vida más feliz y de eso se trata el movimiento minimalista. No encuentras soluciones en un paquete que puedes comprar. Al hacer de su hogar un refugio de sensibilidad y crear una atmósfera que le permita a usted y su familia volver a lo básico, disfrutará de una nueva libertad: la libertad de elegir.

Capitulo Uno: ¿Por Qué Menos es Más?

La forma más fácil de describir esto es pedirte que imagines un armario de ropa. El armario está tan apretado que todo está arrugado. No hay espacio para poner las cosas en orden y hay una combinación de cosas dentro de ese armario que no se han tirado:

1) Porque le costaron dinero al dueño
2) Porque puede cabercuando el dueñoesté a dieta
3) Porqueel desperdicioes algo que constantemente nos recuerdan
4) Porque no tenemos tiempo para ordenarlos

Estas son todas las excusas y quizás no tengas un armario que esté tan bien empaquetado, pero esto es solo una ilustración de lo que se trata el consumismo. Es posible que tenga cajones con teléfonos viejos que ya no están de moda. Es posible que tenga cajas de cables que tengan nuevas y mejoradas cables para ocupar su lugar. Es posible que tenga discos de computadora que te costaron mucho dinero pero que ya no son relevantes para su vida. Todos guardamos estas cosas porque hemos pagado caro por ellas, pero en cierto sentido, lo que estamos haciendo es acaparar. Nos sentimos culpables cada vez que vemos que algo costoso se pudre en un cajón. Hay un sentimiento de culpa por gastar el dinero e incluso más sobre encontrar que el gasto no valió la pena en un par de meses más tarde.

Entonces tienes niños que exigen lo último y que no están felices de hacer compromisos. La brigada de la etiqueta de diseñador no se conformará con las cosas que están en un estatus inferior. ¿No puedes ver lo ridículo que se está volviendo el mundo? Hemos olvidado cómo hacer tartas de manzana y en lugar de eso, pedimos pizza para que sea menos esfuerzo. El círculo vicioso no se detiene allí. Comemos alimentos que no son saludables y aumentan de peso, lo que nos impide disfrutar realmente de la ropa que llena nuestros armarios. Examina tus habitaciones. Examina las razones detrás de todos sus errores y las mismas razones siguen apareciendo una y otra vez. El consumismo y el exceso parecen encabezar la lista de prioridades hasta que la gente ve a través de la carilla y encuentra que el sueño no es tan fácil de vivir como lo hacen aparecer los anuncios. Los métodos inteligentes empleados por los anunciantes pretenden hacer que usted compre productos y, sin duda, tienes recordatorios en toda tu casa que sucumbiste a la enfermedad del siglo XXI.

Cuando miras sitios web como Houzz.com y buscas minimalismo, descubrirás que las casas y los interiores que ves son fantásticos. Incluso pueden parecer lo que hizo su hogar la primera semana que lo compró y se enorgulleció de cómo se veía su hogar. Poco a poco, el tiempo pasó y empezaste a llenar tu hogar. El problema con esto es que cuanto más te metes en el espacio que conforma tu hogar, menos podrás disfrutar de ese espacio. Ya no hay espacio para esparcirse y relajarse. Durante un período de tiempo, su hogar ya no se ve nuevo y el estrés de limpiarlo todas las semanas aumenta el estrés que ya tiene en su vida laboral y en todas las demás partes de su vida. Un hogar desordenado puede ser un recordatorio de su falta de capacidad y puede hacer que se sientan más abrumados que otras áreas en sus vidas. Por lo tanto, si observa los interiores en Houzz, verá algo refrescante, tranquilo y maravilloso, como la forma en que decoró y amuebló su hogar cuando era nuevo.

Lo bueno de las cosas nuevas es que te ayuda a sentir que has logrado algo y también te hace la vida más fácil. Tiene menos cosas que limpiar y es fácil adoptar el estilo de vida minimalista sin privarse realmente de las cosas que realmente necesita y ama. Las únicas cosas que le piden que elimine son aquellas que ya no le sirven ni le dan placer. Eso no es realmente un gran sacrificio, ¿verdad?

Encontrarás que tu casa tiene más espacio. También encontrará que las habitaciones de su casa son más placenteras y más acogedoras. No se preocupará si las personas acuden en cualquier momento y podrá ofrecer más hospitalidad de la que probablemente recuerde, simplemente porque tiene espacio en su hogar para amistades y no está preparado para dejar que la moda de "posesión" estorbe en el modo de disfrutar tu vida.

De hecho, menos es más, y lo sé porque cuando tomé la decisión de ir al mínimo, nunca volví a mirar atrás con arrepentimiento.

Capitulo Dos: Evaluando su Casa

Es casi seguro que el proceso de limpieza de su casa tomará más de un día. Si haces lo que algunas personas sugieren y solo haces una habitación a la vez, es un gran error. No solo se cansará de esto, sino que dejará su hogar medio lleno en el proceso, lo que significa que cada vez que ingrese a una habitación que no haya sido minimizada, se sentirá más culpable porque no cumplió con sus intenciones.

Por lo tanto, debe reservar un montón de tiempo para hacer su hogar. Esto podría ser algunos días libres del trabajo o un fin de semana largo. Si tiene hijos, es posible que desee asignar un tiempo en el que no tenga a los niños para que los cuiden, ya que lo retrasarán. Sin embargo, también necesita que sus hijos evalúen lo que poseen, porque cuando entienden el minimalismo, realmente apreciarán las cosas más y querrán deshacerse de algo para poder tener algo en su lugar. Los niños entienden ese concepto y usted también puede enseñarles algo sobre la alegría de darles a otros niños que pueden no tener tanto como ellos, o alentarlos permitiéndoles que vendan artículos en una venta de garaje, para ahorrar para los artículos futuros que ellos consideran más importantes que los que ahora tienen desordenados en sus habitaciones.

Necesitas deambular de una habitación a otra y el primer acercamiento es abrir la puerta de la habitación e imaginar que nunca antes has estado en esa habitación. ¿Qué es lo primero que te llama la atención? Este es el punto focal y esto es lo que todos ven cuando entran en una habitación y cuando su vida está en un embrollo, puede que no sea lo que usted quiere que sea. Anote lo siguiente:

• ¿Qué muebles necesitan reducción?

- ¿Cuáles cortinas deben irse? Teniendo en cuenta que algunas bloquean la luz natural.
- ¿Quéamueblado esta desactualizado?
- ¿Cuáles muebles se interponen en tu vida?
- ¿Cuáles obras de arte o decoración odias?

Toma notas a medida que te mueves de una habitación a otra. En esta etapa, solo estás planeando, así que significa que podrías pasar una noche haciendo esto, pero piensa en ello como una preparación para separarse de toda esa basura. Si reduce el tamaño de los muebles, hace que una habitación parezca más grande. ¿Realmente necesitas una cama enorme como esa en la habitación de invitados? ¿Qué pasa con todas esas mesas de café extra en la sala de estar? ¿Los usas?

Lo que estás haciendo es evaluar la realidad de tu vida. Tus armarios y alacenas, tu despensa y tu congelador están todos llenos de cosas que nunca puedes usar y que necesitas dejar ir. Al tomar nota de ellos, te estás dando un recordatorio por el tiempo que elegiste para minimizar tu hogar. Pongámoslo de esta manera. Usted hace un pastel y es el mejor pastel que haya hecho y se lo ofrece a su familia. A tu familia le encanta. Ahora imagina otro escenario. Haces diez pasteles y sigues amontonándolos en tu familia y obligándolos a tomar un pedazo, ya sea que lo quieran o no. Esa es la diferencia entre el exceso y el minimalismo. El minimalismo se concentra en el valor, mientras que el exceso realmente no se preocupa mucho por la cantidad y tiende a ver la cantidad como más importante que la calidad.

En preparación para el trabajo que se avecina, necesita tener un suministro de artículos como se muestra a continuación:

- Bolsas de basura: para basura, regalos y artículos para vender
- Pulido y materiales de limpieza: al vaciar una habitación, la dejas impecable.
- Cree un espacio en su garaje para colocar artículos que ya no pertenecen a su hogar
- Recopile listados de artículos que desea vender, para que pueda ver el valor de ellos
- Reúna un kit de herramientas, de modo que tenga los elementos necesarios para quitar las cortinas, etc.

La idea detrás de todo esto es hacer que su hogar esté impecablemente limpio y sea fácil de administrar. Por lo tanto, debes hacer un letrero que puedas colgar en algún lugar para recordar a todos los miembros de la familia que se espera que participen. La nueva regla de la casa después de la limpieza será que nadie debe dejar una habitación más desordenada que cuando entraron en ella. Eso reducirá su trabajo en aproximadamente tres cuartos y se puede convertir en un juego divertido entre los miembros de la familia y usted. La otra regla es que la ropa a lavar debe estar en el recipiente de lavado temprano en la mañana del día de lavado. ¿Por qué complicar tu vida al darte trabajo extra?

Capitulo Tres: Comenzando el Proceso de Eliminar lo Innecesario

Asegúrese de llevar su cuaderno con usted para recordar sus pensamientos iniciales sobre eliminar lo innecesario de cada habitación. Comience en la parte superior de la casa porque el polvo se desplaza hacia abajo. Por lo tanto, cuando se despeja una habitación y se cierra la puerta, no se pone más basura en esa habitación y finalmente se abre camino hacia la cocina, donde puede tomarse un descanso antes de abordar la enorme tarea de interrumpir su cocina.

Dormitorios

Coloque todo lo de sus armarios y cajones a la cama, ya que necesita limpiar los cajones y armarios y tenerlos listos para tomar lo que es esencial para tu vida, en

lugar de lo que se ha tirado allí durante los últimos años. También puedes valorar tu espacio. Si descubres que tienes más artículos medianos para colgar, por ejemplo, puedes crear un excelente zapatero en la parte inferior del armario. Ahora examina cada prenda de vestir y decide:
- ¿Me da alegría?
- ¿Realmente quiero mantenerlo?
- ¿Debo venderlo?

Las tres bolsas de plástico que ha etiquetado son para aquellos artículos que se van a tirar, aquellos que se van a regalar y los que se venderán. Si algo no te queda bien, es un recordatorio perpetuo de que has engordado y eso no es una afirmación positiva. Por lo tanto, deshacerse de él. Si pierdes peso más adelante, mereces cosas nuevas.

Después de la ropa, evalúe el resto de la habitación: las cortinas, los muebles, etc. Recuerde que una cama más pequeña hace que la habitación se vea más grande, por lo que si tiene demasiados muebles, deshágase de algunos. Esto facilita la limpieza y le da un dormitorio más amplio.

Habitaciones de niños

Es una buena idea involucrar a sus hijos en el ordenamiento de la ropa y los juguetes. Por lo tanto, para esta habitación, intente hacerlo cuando sus hijos estén presentes. También debe asegurarse de que su sistema de colgar la ropa sea simple porque a los niños no les gusta hacer cosas que llevan tiempo. Por lo tanto, los ganchos son una buena idea y puede ser una idea obtener una cesta, para que no tiren la ropa al piso. Adelgace toda la ropa que ya no usan y sáquesela lista para la venta o para darla a un refugio para personas sin hogar. Con los juguetes, saque lo que ellos quieren vender, lo que está más allá del ahorro y lo que están preparados para regalar a los niños que tienen menos que ellos.

Baños

Esta es una habitación donde encontrarás desorden en abundancia. Todos caemos en la publicidad y compramos el sueño de la juventud eterna. Si ya no usas los productos que compraste, deshazte de ellos. O véndalos a otros que aún quieran comprar el sueño o simplemente deshágase de ellos. Si tiene un botiquín, vacíe los medicamentos que ya no toma o los que están vencidos y llévelos a la farmacia para destruirlos. Puede cambiar el aspecto completo del baño minimizando todas las botellas y los tubos de champú o productos de belleza, pero no se detiene allí. Cualquier cosa que no se use en el día a día debe ser desechada. Deja de abarrotar lo que se supone que es un área donde la gente puede relajarse.

Pinturas y muebles extra.

A veces, una habitación o un pasillo se ve más desordenado de lo que es, por el estilo de los muebles o por la cantidad de cuadros en una pared. Recuerde el truco de entrar a una habitación para ver el punto focal. Minimalismo significa tener una imagen que significa mucho, en lugar de docenas que no significan nada. Haga que el punto focal cuente en cada habitación para minimizarlo. Eso significa deshacerse de todo el exceso.

Cocina y zonas de estar.

Puedes encontrar que tus mostradores siempre están llenos de cosas. Si ha comprado aparatos para la cocina y no los ha usado, deshágase de ellos. Esto libera tanto espacio. Las encimeras deben ser despejadas. Los armarios deben vaciarse para averiguar qué elementos desactualizados hay, y ciertamente necesitará minimizar la cantidad de cosas que tiene en el refrigerador y el congelador. Mucho de esto es empujado por detrás o por debajo de cosas nuevas y eventualmente tienes una situación donde hay mucho desperdicio. De ahora en adelante necesitas usar un sistema mejor. Compre menos y etiquételo, para poder ubicar las cosas fácilmente y no tener ese tipo de desperdicio.

Recuerde que estas habitaciones son las salas importantes donde usted y su familia pasan la mayor parte del tiempo. El enfoque mínimo mejora el espacio. Menos desorden significa más espacio para disfrutar de sus vidas dentro de esa casa. Asegúrate de que todo tenga un hogar en lugar de dejar tantas cosas fuera. Si tiene una puerta de la sala familiar al exterior, ¿por qué no incluir muebles de exterior y hacer que la transición entre el espacio habitable y el exterior sea más alentadora? Estar cerca de la naturaleza siempre es algo bueno y se recomienda en un estilo de vida minimalista.

Diluya todo ese exceso y asegúrese de que sus habitaciones se sientan espaciosas y acogedoras. Y no olvide que la guinda del pastel siempre será el punto focal. Una habitación insulsa cobra vida con una sola obra de arte que atrae la atención hacia ella. Aunque es posible que veas al minimalismo como una privación, no lo es en absoluto. Significa que lo que tienes cuenta más y se disfruta más porque no tiene todo el desorden que lo esconde.

Regla para recordar

Una vez que todas las habitaciones de tu casa se encuentren minimizadas, la regla familiar necesita ser explicada a todos. Esta es:

Nunca deje una habitación en la casa sin hacerla más ordenada que cuando entró.

Esta regla ayuda a minimizar el trabajo doméstico. Puedes hacer un juego y asegurarte de que todos vuelvan a poner las cosas cuando hayan terminado con ellas. Si puede hacer que todos hagan lo mismo, esto realmente lo ayudará a mantener el trabajo de la casa al mínimo, ya que las habitaciones siempre están presentables y le preocupa menos el momento en que tendrá que hacer la limpieza. Esto es muy importante. También debe comenzar un calendario y asegurarse de programar su despertador un poco antes para poder tener tiempo para sentarse con la familia cada mañana y completar el calendario o recordar a los miembros de la familia las cosas que deben hacer ese día en particular. Con todos ustedes trabajando hacia los mismos objetivos, se hace una vida familiar mucho más feliz y tendrá más tiempo para disfrutar de su familia en lugar de apresurarse por la vida y nunca encontrar el tiempo para hablar.

Capitulo Cuatro: Papeleo

Hay muchas maneras de minimizar esto. Si elige facturas sin papel, éstas se le envían en línea y eso evita una gran cantidad de desorden. Sin embargo, si prefiere tener facturas en papel, necesita desarrollar un sistema mediante el cual pueda archivarlas tan pronto como se hayan resuelto, lo que le facilitará la vida.

Tiendo a usar un sistema de archivo de caja y esto se divide en diferentes áreas, tales como:

• Facturas de servicios públicos para el hogar
• Estados de cuenta bancarios
• Seguros
• Ingresos
• Impuestos
• Recibos y garantías
• Gastos de coche

- Documentos personales
- Reportes escolares

Por supuesto, tendrá sus propias prioridades, pero si se compromete a pagar las facturas en el momento en que llegan y las presenta en la casilla correspondiente, no obtendrá una acumulación de documentos y no tendrá que hacerlo. Me pregunto dónde están las cosas todo el tiempo. Esto quita mucho estrés. Luego, una vez al año, puede diluir estos archivos y solo guardar los documentos necesarios para el año que ha estado en un sobre, marcado con lo que es y colocado en el ático fuera del camino.

Esto le ayuda a mantener su vida en orden y el minimalismo significa que todo el papeleo que llega a su casa que no es necesario mantener se desecha. Siempre puede empaquetarlo y enviarlo a un centro de reciclaje con sus periódicos viejos. ¡Mantener su vida en orden y minimizada mantiene sus niveles de estrés a raya también!

Conclusión

La regla para ayudarlo con las decisiones futuras para que no vuelva a ser como era es que si desea comprar algo, primero debe deshacerse de algo. Esto es bastante fácil de mantener. Significa que está al tanto de lo que está trayendo a su hogar y si una compra potencial no parece ser algo que le dé más alegría que los artículos que ya tiene, no tendrá la tentación de gastar en ella.

Todo el dinero que libere de su desorden puede ser usado para que la familia tenga unas vacaciones familiares juntas o para hacer algo que siempre quiso hacer. El caos de la vida es algo que dejas atrás cuando abres la puerta a tu hogar minimalista. Allí, puede relajarse sin el desorden y disfrutar del espacio que su hogar le brinda.

Una vez que haya eliminado lo innecesario, quizás quiera ir tan lejos como para despejar su mente de todos los pensamientos que también contribuyen al estrés. La meditación y el yoga son formas naturales de ayudarlo a hacer esto, e incluso puede encontrar que tiene el espacio para hacerlo, ahora que su hogar ya no está lleno de basura que le hacía la vida imposible.

www.ingramcontent.com/pod-product-compliance
Lightning Source LLC
Chambersburg PA
CBHW071915070526
44583CB00016B/2002